Dmitry Zenkin

O problema da incoerência entre a prática da aplicação da lei e o direito do trabalho

Dmitry Zenkin

O problema da incoerência entre a prática da aplicação da lei e o direito do trabalho

ScienciaScripts

Imprint

Cover image: www.ingimage.com

This book is a translation from the original published under ISBN 978-620-2-02375-7.

Publisher:
Sciencia Scripts
is a trademark of
Dodo Books Indian Ocean Ltd. and OmniScriptum S.R.L publishing group

120 High Road, East Finchley, London, N2 9ED, United Kingdom
Str. Armeneasca 28/1, office 1, Chisinau MD-2012, Republic of Moldova, Europe
Printed at: see last page
ISBN: 978-620-7-78236-9

Resumo: Este artigo aborda um problema muito significativo relativo a conflitos e lacunas na atual legislação laboral. Atualmente, os relatórios publicados nos meios de comunicação social, os dados estatísticos dos organismos de controlo e supervisão sobre o cumprimento da legislação laboral e outros actos normativos que contêm normas de direito do trabalho no nosso país continuam a indicar tendências muito desfavoráveis no domínio do cumprimento dos direitos laborais dos cidadãos da Federação Russa.

Palavras-chave: Colisões, lacunas, legislação laboral, código do trabalho, relações laborais.

Introdução

A relevância deste tópico deve-se ao facto de, nas condições económicas modernas, se falar muito de fenómenos negativos no direito do trabalho russo. A sua presença é óbvia. Estes fenómenos incluem uma certa indefinição do objeto do ramo, tentativas de justificar a "absorção" do direito do trabalho pelo direito civil, atribuindo apenas ao direito administrativo as relações de serviço público, o declínio do papel dos sindicatos e a individualização das relações laborais, o crescimento quantitativo de "atípicos", que não se enquadram no esquema clássico das relações laborais e a crescente "flexibilidade" do emprego. Estas novas tendências, bastante desfavoráveis para o direito do trabalho, carecem também de uma análise teórica, sobretudo através das disposições da parte geral do direito do trabalho. O simples facto de ignorar estes problemas ou de os negar mecanicamente só pode negativizar a situação.

Nas condições do mercado, os contratos no âmbito do direito do trabalho tornam-se um dos problemas mais importantes da ciência do direito do trabalho. Já não é possível estudá-lo apenas a partir das posições tradicionais do contrato de trabalho. Por conseguinte, são necessárias novas abordagens teóricas gerais, que tenham em conta as conquistas modernas da teoria dos contratos.

A ciência e a prática do direito do trabalho acumularam material suficiente para definir um contrato e os seus tipos. Um contrato em direito do trabalho é um acordo de dois ou mais sujeitos que visa estabelecer, alterar ou terminar relações que constituem o objeto do direito do trabalho. Neste sentido, um contrato será um acordo regional, territorial, setorial, bem como todos os outros acordos que formalizem a modificação de uma relação jurídica laboral, por exemplo, no âmbito de uma alteração da organização técnica ou social do trabalho (sobre transferências, sobre o estabelecimento de horários de trabalho a tempo parcial). Por conseguinte, os contratos em direito do trabalho são numerosas transacções sociais e laborais bilaterais e trilaterais. Um contrato em direito do trabalho tem lugar onde e quando a expressão da vontade de sujeitos de direito do trabalho juridicamente iguais e reconhecidos pelo Estado numa determinada situação tem por objetivo estabelecer, alterar ou reduzir relações sociais e laborais.
- das relações laborais.

O direito do trabalho distingue entre convenções individuais e colectivas e todo um sistema de convenções, por exemplo, que medeia os resultados das relações sociais e laborais no âmbito do trabalho assalariado.

A relevância do estudo da teoria dos contratos no direito do trabalho não pode deixar de afetar o seu sistema. O desenvolvimento desta teoria e a generalização da prática da parceria social permitirão, por exemplo, resolver a questão do lugar da negociação e dos acordos colectivos nas partes gerais e especiais do direito do trabalho russo moderno. Além disso, como os tipos de contratos no direito do trabalho não estão esgotados pelo conteúdo do Código do Trabalho da Federação Russa na Parte Geral do Direito do Trabalho, já existe um número suficiente de normas que podem ser combinadas no instituto das transacções laborais. Este instituto pode incluir normas sobre o conceito de contratos, a sua forma juridicamente significativa, tipos, condições de validade, etc. E, em muitos aspectos, cabe aos representantes da ciência do Direito do Trabalho e ao legislador formalizá-las sob a forma de um capítulo (ou capítulos) autónomo(s) do Código do Trabalho da Federação Russa.

O objeto de investigação deste tema são as relações que surgem no âmbito das relações jurídicas sociais e laborais, as relações jurídicas laborais.

O objeto do estudo são as regras de direito que regem estas relações.

O presente trabalho tem como objetivo a análise jurídica do instituto do contrato de trabalho, a ponderação dos problemas teóricos e práticos que se colocam nas relações jurídicas laborais relacionadas com a legislação em vigor.

Para atingir o objetivo acima referido, são propostas as seguintes tarefas:

- divulgar os aspectos jurídicos da celebração de um contrato;

- Analisar os motivos de alteração do contrato de trabalho e os problemas da prática legislativa no domínio das relações laborais

- Identificar padrões e deficiências na celebração e rescisão do contrato de trabalho, determinar as garantias de proteção jurídica.

A base metodológica do estudo deste tema inclui: o método de análise jurídica, comparativo - método jurídico, sistémico - funcional.

A base teórica do estudo são trabalhos científicos: Alexandrov N.G., Alekseev S.S., Bondarenko E.N., Lebedev V.M., Sinitsin A.N..

Atualmente, o sistema de direito do trabalho na Rússia está refletido de forma mais completa no Código do Trabalho da Federação Russa. Por isso, o estudo do sistema de direito do trabalho está essencialmente relacionado com o estudo da estrutura e do conteúdo deste ato legislativo codificado. A par do sistema de direito do trabalho e do sistema de legislação laboral, existe também o sistema da ciência do direito do trabalho - um conjunto de pontos de vista teóricos, juízos e conclusões sobre os problemas da regulamentação jurídica das relações sociais no domínio da aplicação e organização do trabalho.

Capítulo 1 O contrato de trabalho como instituição central do direito do trabalho

Conceito e características do direito do trabalho

Todos os trabalhadores na Federação Russa exercem os seus direitos através da celebração voluntária de um contrato de trabalho. Simultaneamente, um contrato de trabalho é também um facto jurídico que permite o exercício de outros direitos e obrigações dos trabalhadores para trabalharem de boa fé no seu campo de atividade escolhido. O contrato de trabalho pode distinguir-se em três aspectos: 1) como acordo para trabalhar como empregado; 2) como facto jurídico, que constitui a base para o surgimento e a forma de existência de uma relação jurídica laboral no tempo e serve de pré-requisito para o surgimento e a existência de outras relações jurídicas estreitamente relacionadas com as relações laborais; 3) como instituto do direito do trabalho, ou seja, um sistema de normas jurídicas sobre contratação (celebração de um contrato de trabalho), transferência para outro emprego e despedimento.

De acordo com o artigo 56.º do Código do Trabalho da Federação Russa, um contrato de trabalho é um acordo entre um trabalhador e uma entidade patronal, nos termos do qual o trabalhador se compromete a realizar um trabalho numa determinada especialidade, qualificação ou posição, sujeito à regulamentação laboral interna, e a entidade patronal se compromete a pagar ao trabalhador, numa data especificada, a totalidade do salário e a assegurar as condições de trabalho estipuladas pela legislação laboral, pela convenção colectiva e pelo acordo das partes.

Esta definição mostra os traços característicos de um contrato de trabalho, que permitem distingui-lo dos contratos de direito civil conexos (contrato de trabalho, de atribuição, de comissão, de publicação, etc.), cujo conteúdo é igualmente uma atividade laboral. Nos contratos de direito civil, a obrigação do trabalhador está relacionada com a realização de um trabalho individual específico. O contrato de trabalho prevê a subordinação do trabalhador às normas internas do trabalho. Na celebração de contratos de direito civil, o processo não é regulado, o executante distribui o tempo de trabalho à sua discrição e a relação entre as partes surge apenas em relação ao resultado do trabalho. Por conseguinte, nem todos os contratos de trabalho são com um contrato de trabalho.

Por exemplo, no âmbito de um contrato de aluguer, o empreiteiro, por conta do cliente, compromete-se a efetuar determinados trabalhos por sua conta e risco, utilizando materiais próprios ou do cliente, num determinado período de tempo, e o cliente aceita e paga os trabalhos. Na maior parte das vezes, estes trabalhos são de carácter pontual e podem ter lugar em qualquer lugar e a qualquer momento, não necessariamente no local e durante o horário de trabalho do cliente. O empreiteiro não é obrigado a respeitar o modo, o horário ou a medida da mão de obra. Todas estas questões ficam ao seu critério.

Intimamente relacionado com o contrato de trabalho está o contrato de trabalho, nos termos do qual a empresa se compromete a pagar ao trabalhador uma remuneração a um nível pré-determinado, salários, por uma determinada quantidade de produtos produzidos ou por um determinado período de tempo de trabalho.

O contrato de trabalho é um contrato de trabalho a termo normal e pode ser celebrado na forma habitual, ou seja, mediante a apresentação de um pedido de emprego à entidade patronal por um determinado período de tempo ou para a execução de um determinado trabalho ou mediante a elaboração de um contrato de trabalho a termo.

O objeto de um contrato de trabalho é o desempenho pessoal de uma função laboral no processo laboral geral de uma determinada equipa de produção, ou seja, a atividade laboral diária, a manifestação da energia física e mental de um trabalhador numa determinada especialidade, qualificação, posição no processo laboral geral de uma determinada equipa de trabalho. Por conseguinte, o objeto do contrato de trabalho é o próprio trabalho vivo do trabalhador no processo geral de produção como manifestação no tempo da sua capacidade de trabalho geral e especial. O objeto dos contratos civis conexos é o resultado final materializado do trabalho (invenção, pintura, etc.), e o trabalho é neles apenas uma forma de cumprimento das obrigações assumidas. Subordinação do trabalhador no processo de execução da função laboral às regras do regulamento interno do trabalho com a execução da medida de trabalho estabelecida. Por violação desta obrigação, pode ser responsabilizado disciplinarmente, o que não acontece nos contratos de direito civil.

A obrigação de uma empresa, instituição ou organização de organizar o trabalho de um trabalhador, de lhe criar condições normais de trabalho, de lhe fornecer diariamente trabalho condicional, de proteger a sua saúde e vida durante o processo de trabalho, de o recompensar sistematicamente pelo trabalho efetivo de acordo com normas pré-determinadas.

Na ciência do direito do trabalho o contrato de trabalho é considerado como uma forma de concretização do direito ao trabalho, a base para o surgimento e concretização das relações jurídicas laborais, um instituto jurídico que reúne as normas sobre o surgimento, alteração e extinção dos direitos e obrigações laborais [8, p.111].

A caraterística mais importante do instituto do contrato de trabalho, que permeia tanto as normas da lei sobre recrutamento como as normas sobre transferências e despedimento, é a liberdade do contrato de trabalho, reflectindo o princípio da liberdade de trabalho na sociedade, consagrado no artigo 37.º da Constituição da Federação Russa. A liberdade do contrato de trabalho significa que os cidadãos: a) escolhem livremente, à sua vontade, o local e o tipo de atividade laboral, o trabalho; b) decidem livremente, de forma voluntária, a questão do trabalho, celebram um contrato de trabalho e podem rescindi-lo a qualquer momento, nos termos previstos na lei; c) têm, em regra, contratos de trabalho estáveis. O contrato de trabalho reflecte o princípio contratual do emprego como trabalhador por conta de outrem.

Na ciência jurídica, o contrato de trabalho é considerado, antes de mais, como uma categoria abstrata. Esta abordagem é perfeitamente legítima e compreensível numa posição normativista. No entanto, o contrato de trabalho não pode ser considerado como um certo "monólito", ou seja, como um conceito único e completo, não suscetível de diferenciação. No interesse da teoria, e mais ainda no interesse da prática, é aconselhável distinguir as hipóstases do contrato de trabalho, não as combinar sem ter em conta o fim a que se destina, e, consequentemente, distinguir, nestes casos, as suas funções específicas. Por outras palavras, é sempre proveitoso concretizar o contrato de trabalho como uma abstração, tendo em conta os seus objectivos e as funções que garantem a sua realização.

Como qualquer relação jurídica, um contrato de trabalho tem um conteúdo, gerado pelo acordo mútuo e recíproco das suas partes. O conteúdo de qualquer contrato é entendido como os seus termos e condições. Estas determinam os direitos e as obrigações das partes. O conteúdo de um contrato de trabalho é o conjunto dos seus termos e condições. Estes termos do contrato determinam os direitos e as obrigações das partes. Entretanto, é necessário distinguir entre o conteúdo do contrato de trabalho, que significa todos os seus termos e condições, e o conteúdo da relação jurídica laboral, ou seja, os direitos e obrigações dos seus sujeitos. Determinado pelo contrato de trabalho e pela legislação laboral. Cada uma das partes de um contrato de trabalho tem os seus próprios direitos e obrigações subjectivos, previstos no contrato e estabelecidos pela legislação laboral. Em função do procedimento estabelecido, podem existir diferenças entre as duas condições do contrato: a direta, estabelecida por acordo das partes na celebração do contrato de trabalho ; b derivada, estabelecida por acordo das partes na celebração do contrato de trabalho ; b derivada, estabelecida por acordo das partes na celebração do contrato de trabalho.

Estas condições são definidas pela legislação (proteção do trabalho, responsabilidade disciplinar e material, etc.), que podem ser alteradas por acordo das partes (salvo disposição legal em contrário). Por conseguinte, as partes não acordam em condições derivadas, sabendo que, com a celebração do contrato, estas condições já são vinculativas por força da lei e do contrato (nos termos do qual as partes se comprometeram a respeitar o regulamento interno de trabalho da produção). A formulação de um determinado tipo de condições no contrato de trabalho e o estabelecimento de garantias legais para a sua execução têm um impacto positivo na implementação da função educativa do contrato de trabalho.

Assim, as condições de informação permitem à entidade patronal conhecer antecipadamente as condições de trabalho, a sua remuneração e proteção, as garantias do seu cumprimento, estabelecidas na lei, convenção colectiva, acordos, actos jurídicos normativos locais. Este conjunto de condições está diretamente relacionado com a disciplina laboral do contratante, com a sua atitude consciente no desempenho da sua função laboral. Neste caso, existe uma regularidade bem fundamentada: quanto maior for o leque de condições de informação, quanto mais informação sobre o seu futuro trabalho o contratante receber, menos permitirá violações das regras de comportamento laboral, menos aprenderá as proibições e permissões no processo de produção de métodos de "tentativa e erro", que está normalmente associado à violação dos requisitos dos regulamentos internos. O bloco de condições analisadas inclui também as condições que não estão diretamente relacionadas com o processo de trabalho. Por exemplo, a condição de seguro social obrigatório pode ser declarada não só sob a forma de uma referência ao Código do Trabalho da Federação Russa e a outras leis federais, mas também através da inclusão no contrato de trabalho de um extrato da legislação relevante para o desempenho da função laboral do trabalhador. A função educativa das condições de informação é assegurada pela norma estipulada na parte H do artigo 68º do Código do Trabalho da Federação Russa. O legislador obriga a entidade patronal, no momento da contratação (antes da assinatura do contrato de trabalho), a familiarizar o contratante contra assinatura com os regulamentos internos do trabalho, outros actos jurídicos normativos locais diretamente relacionados com a atividade laboral do trabalhador, a convenção colectiva da organização.

As condições imediatas, determinadas por acordo das partes, estabelecem um âmbito maior ou menor de direitos e obrigações das partes. Por exemplo, por acordo das partes, o trabalho pode ser definido como a tempo parcial ou no domicílio, ou ser temporário, etc. As condições necessárias do contrato determinam o surgimento de relações jurídicas laborais, reflectindo todas as condições de trabalho estabelecidas por lei e por acordo das partes. Обязательными и существенными условиями договора определяются конкретное место работы (с указанием соответствующего структурного подразделения организации), дата начала работы, наименование специальности, профессии, должности, которую будет занимать работник, права и обязанности работника и работодателя, условия о характере трудовой функции (т.е. на какой должности и какую конкретную работу гражданин будет выполнять, специфика трудовой деятельности и др.), условия о времени действия трудового договора (т.е. заключен ли договор на какой-то определен

Quando falamos das funções, por exemplo, de um funcionário, referimo-nos ao grau de responsabilidade que lhe é imposto. No entanto, o cargo também define os poderes do trabalhador, que este tem o direito de utilizar. Uma definição inequívoca das funções e dos poderes no contrato de trabalho permite à entidade patronal organizar o trabalho de forma eficiente, dá ao trabalhador a certeza das suas funções e dá às duas partes a oportunidade de resolverem os litígios sem conflitos. Na prática, acontece que, para simplificar a forma (texto) do contrato de trabalho, a entidade patronal procura definir os deveres e poderes máximos do trabalhador (função laboral) nas descrições de funções.

É o que está a acontecer atualmente. Um mercado de trabalho desempregado bastante saturado cria uma certa tensão nas negociações e no processo de celebração de um contrato de trabalho. Por um lado, o contrato de trabalho permite à entidade patronal fazer uma seleção qualitativa da mão de obra, mas, por outro lado, cria certas condições para a arbitrariedade da entidade patronal. Como mostra a prática, a entidade patronal dita geralmente ao contratante as suas próprias condições de trabalho, que formula antecipadamente num projeto de contrato de trabalho normalizado já preparado sem a participação do contratante, convidando-o a assiná-lo ou a pôr termo a novas negociações. A atual legislação laboral contém as garantias jurídicas necessárias para que um trabalhador possa contestar o conteúdo do contrato de trabalho sem correr o risco de perder o seu emprego ou de "estragar" a sua relação com a entidade patronal. A saída para a situação de aparente impasse não deve ser procurada apenas na melhoria da legislação laboral, pois esta é sempre impotente se o destinatário, que é o alvo da norma jurídica, tentar resolver os seus conflitos com o empregador "um a um".

A associação profissional dos trabalhadores, incluindo ao nível da organização, tem de ser reestruturada em conformidade. O seu objetivo não deve ser a cobrança de contribuições sindicais e a manutenção de um aparelho burocrático superior, mas a defesa dos interesses e dos direitos de um membro da sociedade sindical. Nem todos os trabalhadores devem entrar em conflito com a entidade patronal, mas o diretor do sindicato, a partir do seu nível primário, tem a obrigação de acompanhar as relações laborais entre o trabalhador e a entidade patronal e os seus representantes, sem a participação do trabalhador, por sua própria iniciativa. Em caso de necessidade, é igualmente necessário recorrer à Comissão do Trabalho, ao tribunal, com vista a eliminar as violações dos direitos laborais, os interesses dos trabalhadores individuais e de um determinado coletivo. Por conseguinte, um trabalhador deve certificar-se de que estas instruções são corretamente executadas e, se necessário, a sua força jurídica não pode ser posta em causa A atitude laboral, a escolha do comportamento laboral, ou seja, a atitude de um trabalhador contratado em relação ao seu trabalho, à equipa de produção, à organização em condições de mercado de gestão económica não pode ser avaliada de forma inequívoca. A questão é que qualquer contrato de trabalho é um meio de socialização de um indivíduo, cujos interesses e talentos também se podem manifestar nas actividades da coletividade de trabalho, nos seus órgãos, ou seja, na esfera da proteção dos interesses dos trabalhadores, na gestão da empresa.

A socialização do trabalhador é um fator importante na sua formação. Do que precede se depreende que o contrato de trabalho tem como principal finalidade a concretização da norma de direito objetivo.

A sua principal função é desempenhar o papel de um negócio jurídico laboral, um facto jurídico ao qual o legislador vincula o surgimento de direitos e obrigações laborais, ou seja, uma relação jurídica laboral. O objetivo auxiliar do contrato de trabalho e, consequentemente, a sua função é desempenhar o papel de um documento, a função de cumprir direitos e obrigações mútuos.

1.1 Aspectos jurídicos da celebração e da alteração de um contrato de trabalho

A atual legislação laboral estabelece um determinado procedimento para a contratação, a celebração de um contrato de trabalho e a respectiva documentação.

No contexto atual, os empregadores abordam a questão da formalização do emprego de forma diferente, indo por vezes a um extremo ou a outro. Num caso, o emprego não é formalizado de forma alguma, esquecendo que a admissão efectiva ao trabalho tem as mesmas consequências que o emprego documentado. No outro caso, são exigidos vários certificados, questionários, características, recomendações ao candidato a emprego. Evidentemente, em cada caso concreto, a entidade patronal tem o direito de estabelecer, no seu próprio interesse, uma lista de documentos a apresentar aquando da contratação.

A disposição constitucional segundo a qual o trabalho é livre, todos têm o direito de dispor livremente das suas capacidades de trabalho, de escolher uma ocupação e uma profissão e de ter igualdade de oportunidades na celebração de um contrato é o princípio básico da regulamentação legal das relações laborais. Este princípio está patente em vários artigos do Código do Trabalho, nomeadamente no artigo 64.º, dedicado às garantias na celebração de um contrato de trabalho. Este artigo proíbe a recusa injustificada de celebrar um contrato de trabalho. Assim, qualquer recusa de celebração de um contrato de trabalho é considerada uma recusa se não se basear numa avaliação das qualidades profissionais da pessoa que se candidata ao emprego.

Por qualidades profissionais entende-se a capacidade de uma pessoa singular para desempenhar uma determinada função laboral, tendo em conta as suas qualificações profissionais (por exemplo, uma determinada profissão, qualificações especiais), as qualidades pessoais de um trabalhador (por exemplo, estado de saúde, um determinado nível de educação, experiência de trabalho numa determinada especialidade num determinado sector). Além disso, para além dos requisitos de qualificação profissional normais ou típicos, a entidade patronal tem o direito de impor requisitos adicionais necessários para o desempenho das funções laborais (por exemplo, domínio de uma ou mais línguas estrangeiras, conhecimentos de informática).

O artigo 64.º do Código do Trabalho prevê que a recusa de celebração de um contrato de trabalho pode ser objeto de recurso judicial. do Código do Trabalho (que proíbe a recusa de celebrar um contrato de trabalho para mulheres por motivos relacionados com a gravidez ou a presença de filhos, e para trabalhadores convidados por escrito a trabalhar como transferência de outro empregador - no prazo de um mês a contar da data de despedimento do anterior local de trabalho), e por outros motivos relacionados com a avaliação das qualidades profissionais do trabalhador. O tribunal, tendo verificado apenas o facto da recusa de celebração de um contrato de trabalho com base nos motivos previstos no artigo 64.º do Código do Trabalho, decide celebrar um contrato de trabalho com o trabalhador. Se o tribunal considerar que a recusa de contratar um trabalhador com base na falta de qualidades profissionais do trabalhador é justificada, o pedido do trabalhador para celebrar um contrato de trabalho com ele não pode ser satisfeito.

A Resolução do Plenário do Supremo Tribunal da Federação Russa, de 17 de março de 2004, n.º 2, chamou a atenção dos tribunais para o facto de a recusa da entidade patronal em celebrar um contrato de trabalho com uma pessoa que tem um emprego, com base na sua falta de registo no local de residência, estadia ou localização, não ser legal. Esta recusa viola o direito dos cidadãos à liberdade de circulação, à escolha do local de estada e de residência garantido pela Constituição da Federação Russa (parte 1 do artigo 27.º), pela Lei n.º 5242-1 da Federação Russa, de 25 de junho de 1993, "relativa ao direito dos cidadãos da Federação Russa à liberdade de circulação, à escolha do local de estada e de residência na Federação Russa", e também contradiz a parte 2 do artigo 64.º do Código do Trabalho, que proíbe a restrição de direitos ou a criação de quaisquer vantagens aquando da celebração de um contrato de trabalho com base nos motivos acima referidos.

Assim, os numerosos anúncios feitos pelos empregadores em Moscovo e na região de Moscovo, segundo os quais as pessoas registadas em Moscovo e na região de Moscovo são obrigadas a trabalhar, são discriminatórios em relação aos direitos dos candidatos a emprego e podem ser objeto de processos por parte da inspeção do trabalho e do Ministério Público, uma vez que o artigo 136.º do Código Penal prevê a responsabilidade (até à pena de prisão) por violação da igualdade de direitos dos cidadãos, incluindo com base no local de residência. O artigo 145.º do Código Penal prevê ainda a responsabilidade por recusa injustificada de contratação ou despedimento injustificado de trabalhadora grávida ou com filhos menores de 3 anos. Face ao exposto, os tribunais, ao apreciarem processos de impugnação de recusa de contratação e tendo verificado a violação dos direitos do cidadão, devem informar o procurador competente desse facto, através de decisão particular, e chamar a atenção do empregador para a inadmissibilidade da violação dos direitos dos cidadãos.

Ao apreciar os casos de recusa de celebração de um contrato de trabalho, os tribunais devem ter em conta as explicações dadas por escrito pela entidade patronal ao trabalhador. A pedido da pessoa a quem foi recusada a celebração de um contrato de trabalho, a entidade patronal é obrigada a fornecer por escrito o motivo da recusa; esta disposição constitui uma inovação no Código do Trabalho.

A legislação laboral contém uma lista de motivos pelos quais a recusa de aceitar um emprego é considerada não razoável. No entanto, esta lista não é exaustiva e a prática complementa-a. A recusa injustificada de contratar um trabalhador pode ser objeto de recurso direto em tribunal.

Na prática judicial no estrangeiro, é dada especial atenção à discriminação na contratação, discutindo-se o problema da fiabilidade ou das qualidades comerciais de um trabalhador no local de trabalho, bem como os critérios para a sua avaliação. A discriminação direta, deliberada, secreta ou não óbvia e indireta também está generalizada no processo de contratação na Federação Russa. A legislação atual (artigo 37.º da Constituição da Federação Russa, artigos 2.º, 3.º, 64.º e 261.º do Código do Trabalho da Federação Russa) não prevê um mecanismo para identificar e provar a discriminação na contratação e proteger os direitos e interesses laborais dos candidatos a emprego violados nesses casos. O n.º 1O da Resolução n.º 63 do Plenário do Supremo Tribunal da Federação da Rússia "Sobre a introdução de alterações e aditamentos à Resolução n.º 2 do Plenário do Supremo Tribunal da Federação da Rússia, de 17 de março de 2004, "Sobre a aplicação pelos tribunais da Federação da Rússia do Código do Trabalho da Federação da Rússia" também não preenche estas lacunas.

O Supremo Tribunal esclarece que, ao considerar os litígios laborais relacionados com a recusa de emprego, deve ter-se em conta que o trabalho é livre e que todos têm o direito de dispor livremente das suas capacidades de trabalho, de escolher uma ocupação e uma profissão e de ter oportunidades iguais na celebração de um contrato de trabalho sem qualquer discriminação, ou seja, qualquer restrição direta ou indireta de direitos ou o estabelecimento de vantagens directas ou indirectas na celebração de um contrato de trabalho com base no sexo, raça, cor, nacionalidade, raça, cor da pele ou nacionalidade. [25, c.97].

Entretanto, em casos desta categoria, a fim de conciliar de forma óptima os interesses da entidade patronal e da pessoa que pretende celebrar um contrato de trabalho, e tendo em conta o facto de que. Com base no conteúdo do Art. 8, na Parte 1 do Art. 34, Parte 1 e 2 do Art. 35.º da Constituição da Federação da Rússia e no n.º 5 da Parte 1 do Art. 1 e 2 do artigo 35.º da Constituição da Federação da Rússia e no n.º 5 da Parte 1 do artigo 22.º do Código do Trabalho da Federação da Rússia, para efeitos de uma atividade económica eficaz e de uma gestão racional da propriedade, a entidade patronal toma, de forma independente e sob a sua própria responsabilidade, as decisões necessárias em matéria de pessoal (recrutamento, colocação e despedimento de pessoal) e a celebração de um contrato de trabalho com um determinado candidato a emprego é um direito e não uma obrigação da entidade patronal, bem como o facto de o Código não conter normas que obriguem a entidade patronal a preencher as vagas ou os postos de trabalho imediatamente após a sua criação, é necessário verificar se a entidade patronal tem o direito de preencher as vagas ou os postos de trabalho imediatamente após a sua criação.

A entidade patronal deve verificar se a pessoa em causa foi objeto de uma oferta de emprego (por exemplo, se foi apresentado um anúncio de oferta de emprego ao serviço de emprego, publicado num jornal, anunciado na rádio, anunciado durante discursos a licenciados, afixado num quadro de avisos), se foram conduzidas negociações de emprego com a pessoa em causa e com que fundamento lhe foi recusado um contrato de trabalho.

A explicação acima apresentada pelo Supremo Tribunal já contém uma contradição. Se a celebração de um contrato de trabalho é um direito da entidade patronal e não uma obrigação da entidade patronal, então não faz sentido qualquer raciocínio segundo o qual uma entidade patronal não pode recusar a contratação de um trabalhador em qualquer fase da celebração de um contrato de trabalho se houver fortes indícios de recusa devido a circunstâncias de natureza discriminatória ou não relacionadas com as qualidades profissionais do trabalhador.

A entidade patronal, nos casos de discriminação e nos casos baseados numa avaliação não profissional da qualidade do candidato, pode anunciar, em qualquer fase da celebração do contrato de trabalho, que está a pôr termo às negociações com o candidato, considerando mais adequado deixar o local de trabalho vago por um período de tempo indeterminado e remetendo para o artigo 35.o da Constituição da Federação da Rússia e para o n.o 1 do artigo 22.o do Código do Trabalho da Federação da Rússia.

Se houver um posto de trabalho vago, a criação de emprego e a redução do desemprego continuam a não ser um direito, mas uma obrigação civil do empregador. Em condições de mercado de gestão económica, esta disposição deve ser consagrada não só na lei moral, mas também na lei jurídica como a missão mais importante do empregador na sociedade civil russa.

A legislação laboral estabelece garantias de proteção da saúde das mulheres e dos adolescentes no momento da contratação, tendo em conta as particularidades fisiológicas do corpo do adolescente, que exigem uma proteção especial contra certos riscos profissionais ainda não conhecidos pela pessoa em questão no momento da contratação.

O contrato de trabalho deve ser escrito, elaborado em dois exemplares (caso a lei

> ou outro ato normativo não que o contrato de trabalho seja celebrado em preveja a elaboração de mais exemplares). Deve ter-se em conta que o contrato de trabalho é escrito e é elaborado em dois exemplares (a menos que a lei ou outro ato normativo preveja a elaboração de contratos de trabalho em mais exemplares), sendo cada um deles assinado pelas partes. Um exemplar do contrato de trabalho é entregue ao trabalhador. A receção pelo trabalhador de um exemplar do contrato de trabalho deve ser confirmada pela assinatura do trabalhador no exemplar do contrato de trabalho conservado pela entidade patronal.

Não podemos ignorar outro problema relacionado com a celebração do contrato. Uma análise elementar do artigo 57.º do Código do Trabalho da Federação Russa permite-nos questionar se este contém apenas direitos ou um conjunto de condições que medeiam as obrigações das partes, elaboradas por estas conjuntamente. Por outras palavras, o contrato de trabalho também contém condições conjuntas que vinculam ambas as partes. Neste caso, cada uma das partes tem o direito de exigir o cumprimento de tal condição pela outra parte (estipular no contrato a data de início do trabalho, o horário de trabalho e os períodos de descanso, etc.).

O processo de contratação deve ser distinguido da celebração de um contrato de trabalho. O emprego é formalizado por um despacho da administração da empresa, que é comunicado ao trabalhador contra assinatura.

Na prática, existe uma opinião generalizada de que a ordem não só formaliza uma determinada relação jurídica laboral, como também lhe dá origem. Na realidade, a ordem de contratação é emitida depois de o trabalhador manifestar a sua vontade de trabalhar numa determinada empresa nas condições propostas, pelo que não é um facto gerador de direito, mas apenas acompanha a celebração do contrato. Um cidadão pode começar a trabalhar com base numa ordem verbal da administração. Além disso, a admissão efectiva ao trabalho é considerada como a celebração de um contrato de trabalho, independentemente do facto de o emprego ter sido devidamente formalizado (mas desde que o trabalho tenha sido prestado sob as instruções ou com o conhecimento do funcionário com direito a contratar). Simultaneamente, a ordem é o principal documento que determina o estatuto jurídico de um cidadão na estrutura do coletivo de trabalho, a base jurídica (juntamente com outras condições) para efetuar pagamentos de salários e outras acções juridicamente significativas.

Assim, ao celebrar um contrato, uma pessoa que deseja obter um emprego aceita juntar-se a uma equipa de produção que já tem as suas próprias tradições e regras de comportamento laboral. Por outras palavras, ele ou ela, enquanto pessoa, vai conscientemente limitar as suas ambições, tentando auto-realizar-se nas condições que lhe são oferecidas pelo empregador. Psicologicamente, trata-se de um processo bastante complexo e contraditório de coordenação, de subordinação de interesses, da sua realização ou, pelo contrário, do seu sacrifício, quando, em nome do bem-estar material, a pessoa contratada, em sentido figurado, suprime, ou talvez perca o seu talento, as suas capacidades, recusando-se a realizá-las, a desenvolvê-las a tempo, porque o trabalho que efectua lhe retira tempo e forças. Estes "falhados" são muito comuns na realidade. Os sucessos e os fracassos de um trabalhador em casos semelhantes explicam-se, em primeiro lugar, pelas peculiaridades da psicologia da personalidade (carácter, temperamento, capacidades, etc.). Hoje em dia, é cada vez mais frequente encontrar um professor que negoceia no mercado, um engenheiro que presta serviços pontuais ao domicílio, um agrónomo que se dedica a tarefas domésticas, etc.

Um mercado de trabalho desempregado suficientemente saturado cria uma certa tensão nas negociações e no processo de celebração de um contrato de trabalho. Por um lado, o contrato de trabalho permite à entidade patronal fazer uma seleção qualitativa da mão de obra, mas, por outro lado, cria certas condições para a arbitrariedade da entidade patronal.

Capítulo 2 Peculiaridades da legislação laboral

Análise da base para a alteração de um contrato de trabalho

Um contrato de trabalho é normalmente um ato volitivo motivado do(s) sujeito(s) do direito do trabalho. "A vontade e os seus motivos constituem a face interna de um negócio jurídico". A análise dos contratos de trabalho permite afirmar que o legislador não trata o motivo de forma indiferente. Em vários casos, é o motivo específico que determina a direção e o conteúdo deste ato do sujeito do direito do trabalho. Assim, nos termos do artigo 73.º do Código do Trabalho da Federação Russa, a entidade patronal altera unilateralmente as condições essenciais de trabalho no âmbito de alterações organizacionais ou tecnológicas, propondo ao trabalhador a sua aceitação ou despedimento. Neste caso, a motivação específica determina o objeto e o conteúdo do contrato de trabalho-transferência do trabalhador. Esta abordagem à análise do contrato de trabalho permite-nos identificar o lado interno (subjetivo) do contrato de trabalho, os motivos e a vontade juridicamente significativos das suas partes. [25 c.125]

Na ciência do contrato de trabalho, o conteúdo do contrato de trabalho é normalmente entendido como as suas cláusulas e condições: directas, que são estabelecidas por acordo das partes na sua celebração. E as derivadas, estabelecidas na legislação laboral em vigor. Assim, no conteúdo do contrato de trabalho, N.G. Aleksandrov não incluiu os direitos e obrigações das partes. Além disso, salientou que o contrato de trabalho serve de base para o surgimento de uma relação jurídica laboral.

A.D. Zaikin, citando o artigo 15º do Código do Trabalho da RF, tirou duas conclusões da sua análise: 1) um contrato de trabalho é um acordo das partes destinado a estabelecer uma relação jurídica laboral entre elas. Neste caso, o contrato de trabalho desempenha o papel de um facto jurídico - uma transação laboral (acções das partes); 2) o contrato de trabalho define os principais deveres das suas partes, ou seja, desempenha a função de uma relação jurídica laboral, uma vez que cada dever jurídico de uma parte corresponde ao poder correspondente da outra parte. Tais conclusões são incorrectas, pois um contrato de trabalho não pode desempenhar simultaneamente duas funções diferentes numa só, ou seja, num mecanismo específico de regulação jurídica de determinadas relações laborais - um facto jurídico e uma relação jurídica [26, p.54].

Ao analisar o conteúdo de um contrato de trabalho, é bastante razoável sublinhar que é necessário distinguir entre o conteúdo de um contrato de trabalho e o conteúdo de uma relação jurídica de trabalho. Se o primeiro pode ser entendido como

O segundo são os direitos e obrigações dos seus sujeitos. Também é possível uma outra afirmação sobre o conteúdo de um contrato de trabalho: "O conteúdo de um contrato de trabalho são as obrigações mútuas das partes". Os direitos e obrigações do trabalhador e da entidade patronal estão incluídos no conteúdo do contrato de trabalho.

A ciência do direito do trabalho russo tem uma longa tradição de misturar contrato e obrigação. Já em 1938, A.N. Finogenov defendia que um contrato de trabalho "fixa e especifica as obrigações e direitos mútuos de um trabalhador com a administração de uma empresa (instituição, exploração agrícola).

Posteriormente, a ciência do direito do trabalho chamou repetidamente a atenção para a possibilidade de alterações contratuais das condições de trabalho. No entanto, o acordo em causa entre a entidade patronal e o trabalhador não era considerado autónomo, ou seja, não acompanhava o contrato de trabalho. Em regra, tratava-se de alterar a função laboral dentro dos limites do contrato de trabalho celebrado. Por outras palavras, se as partes acordassem mutuamente em alterar o conteúdo da função laboral, essa transação não era reconhecida como independente e era considerada como tendo sido feita no âmbito do contrato de trabalho anterior.

É óbvio que na ciência do direito do trabalho está firmemente enraizado o culto de um contrato de trabalho único e todo-poderoso que dura todo o período de emprego de um trabalhador numa determinada organização até à sua rescisão oficial e apenas com base nos motivos previstos na legislação laboral em vigor. Este tipo de contrato de trabalho, enquanto abstração, está em clara contradição com a prática. Este facto pode ser ilustrado por um dos numerosos exemplos [27 p. 32].

> Assim, Lebedev celebrou um contrato de trabalho com a LLC MC REGION, ao abrigo do qual foi contratado como montador na oficina n.º 1 da sociedade anónima. Dois anos mais tarde, depois de se ter licenciado na Universidade Politécnica, Lebedev foi transferido para a oficina n.º 2 como encarregado. A

> transferência foi formalizada por ordem do diretor da sociedade anónima MC "REGION", que Lebedev conhecia e concordava com o seu conteúdo, sobre o qual fez a seguinte declaração "Tomei conhecimento do despacho. Concordo com a transferência. Lebedev". No ano seguinte, Lebedev, também com o seu consentimento, foi transferido como diretor-adjunto para uma sucursal da LLC Management Company REGION, situada noutra cidade. No entanto, não conseguiu desempenhar corretamente as suas novas funções e foi avisado do seu despedimento por incompatibilidade com o seu cargo. Lebedev não contestou os motivos do seu despedimento, pois estava convencido de que não possuía conhecimentos suficientes de economia e de marketing para desempenhar as funções de diretor-adjunto da sucursal. Considerando-se um excelente engenheiro, exigiu a sua reintegração como encarregado da oficina n.º 2 da LLC MC REGION. Dado que todos os lugares de engenheiro na sociedade anónima não eram preenchidos, o diretor da sociedade anónima propôs a Lebedev, até que surgisse uma vaga para um lugar de engenheiro, que fosse transferido para o lugar especificado no seu contrato de trabalho - como montador da oficina n.º 1 da LLC MC REGION. Lebedev recusou essa transferência e foi despedido por incompatibilidade com o seu posto de trabalho.

Se, no exemplo acima, partirmos da conhecida disposição segundo a qual só um contrato de trabalho é a base para o surgimento e a existência de uma determinada relação jurídica laboral no tempo, então a proposta do diretor da sociedade anónima MC REGION a Lebedev pode ser considerada até certo ponto justificada, embora o seu absurdo do ponto de vista prático seja bastante óbvio. A transferência de Lebedev para outro posto de trabalho na sociedade anónima deu origem a uma nova relação jurídica laboral, cujos direitos e obrigações das partes não se assemelhavam, nem de longe, ao conteúdo da primeira. O facto jurídico que determinou o seu aparecimento foi o contrato de transferência. Em caso de transmissão, apenas as partes da relação jurídica laboral anterior se mantêm. A este respeito, convém notar que o sujeito da relação jurídica laboral primária - o montador Lebedev - diferia, nas suas características juridicamente significativas, de Lebedev - gerente de loja ou diretor-adjunto da sucursal da LLC MC REGION. Um trabalhador por conta de outrem numa relação jurídica laboral não é apenas uma pessoa singular que exerce a sua personalidade jurídica laboral, mas também um executante que possui os elementos relevantes necessários para o desempenho de uma função laboral específica.

Quando N.G. Aleksandrov definiu o contrato de trabalho como a base para a emergência de uma "relação jurídica laboral ..... concreta" e a sua existência no tempo, não se referia a uma abstração, mas a uma relação jurídica laboral concreta com um leque completamente definido de poderes e deveres das partes. Atualmente, esta posição é frequentemente ignorada pelos investigadores desta problemática. Esta posição da ciência do direito do trabalho justifica-se em certa medida, mas apenas no contexto da teoria de uma relação jurídica laboral única e indivisível. Uma rejeição completamente justificada da mesma exige uma revisão dos fundamentos para o surgimento das relações jurídicas laborais, incluindo no seu número e outros acordos da entidade patronal e do trabalhador, por exemplo, o acordo sobre transferências. A transferência é um acordo entre a entidade patronal e o trabalhador, que não só modifica (clarifica, altera) a relação jurídica laboral existente no momento em que se chega a um acordo sobre a transferência, como também pode ser a base para o surgimento de uma nova relação, se se tratar de alterar uma massa crítica de condições necessárias do contrato de trabalho existente. E este facto não pode ser ignorado. Como foi demonstrado no caso Lebedev, a posição da moderna ciência do direito do trabalho nesta parte não está de acordo com a prática. A relação jurídica específica que voltou a surgir após a transferência seguinte de Lebedev para outro emprego é, de facto, uma relação contínua. Mas a base da sua existência no tempo não será o acordo de Lebedev com a LLC MC "REGION" sobre o trabalho de montador, mas o seu próximo acordo de transferência. Consequentemente, é incorreto reduzir os fundamentos para o surgimento, alteração e cessação de uma relação jurídica laboral e outras relações estreitamente relacionadas a apenas uma transação laboral - um contrato de trabalho.
contrato. O seu papel pode ser desempenhado por outras transacções laborais. [4, c.237-238.]

Atualmente, como já foi referido, a teoria das transacções é estudada pela ciência do direito civil. Na ciência jurídica russa, esta posição foi estabelecida no período soviético. Na teoria do direito russo antes de 1917. A qualificação das acções como factos jurídicos incluía os seus dois tipos: as transacções e as infracções. "Sob o nome de negócio jurídico - escreveu G.F. Shershevich (já não como civilista, mas como teórico) - entende-se uma consequência jurídica, ligada por lei a este facto".

A preservação do instituto da transação no direito civil permitiu aos civilistas fixar sistematicamente todos os tipos de contratos, condições e formas da sua execução, consequências da violação da forma e, sobretudo, regular a invalidade dos contratos (transacções anuláveis e anuláveis, consequências da invalidade da transação, etc.). Estes são os problemas que estão diretamente relacionados com as transacções laborais, mas que não foram devidamente regulamentados no direito do trabalho e que ainda não foram suficientemente investigados pela ciência do direito do trabalho.

Em relação ao que precede, gostaria de tecer algumas considerações teóricas de carácter geral. A referência às raízes comuns do direito do trabalho e do direito civil não deve ser associada a tentativas de absorção do direito do trabalho pelo direito civil, com a sua "dissolução" no direito civil. O período de avaliação histórica da referida unidade já deveria ser substituído por um estudo razoável da possível fertilização cruzada destes ramos do direito, da sua interdependência subsidiária. Assim. Não faz sentido que o direito civil desenvolva os seus próprios conceitos, por exemplo, os conceitos utilizados no Código Civil da Federação Russa como "empregador", "empregado", "salário mínimo", "salário", etc. Ao mesmo tempo, é difícil falar, por exemplo, sobre os pormenores de uma procuração para receber salários, sobre a entidade patronal enquanto pessoa colectiva, sobre um contrato de trabalho forçado ou fictício e outras transacções inválidas, sem remeter para as normas relevantes do direito civil. A resolução dos problemas de aplicação subsidiária das normas de direito civil no direito do trabalho não deve conduzir à unificação destes ramos, mas, pelo contrário, a um desenvolvimento mais pormenorizado de cada um dos institutos de direito do trabalho.

Na literatura sobre o direito do trabalho, há defensores e opositores das transacções laborais. M.V. Lushnikova, A.M. Lushnikov pronunciaram-se contra a utilização do termo "transação laboral" como conceito genérico: "Propomos que os contratos de trabalho sejam considerados como um conceito genérico". Poderíamos concordar com esta proposta se estudássemos apenas o contrato de trabalho. Dificilmente se pode referir uma convenção colectiva e todos os tipos de acordos (artigo 45.º do Código do Trabalho da RF) a contratos de trabalho sem reservas significativas. Com efeito, estas transacções laborais contêm um certo número de disposições que são realmente feitas por sujeitos do direito do trabalho, mas que, como já foi referido, têm uma relação muito indireta com o trabalho (observância dos interesses dos trabalhadores na privatização da organização, alojamento departamental; garantia da segurança ambiental; melhoria da saúde e recreação dos trabalhadores e dos membros das suas famílias, especialmente das crianças, etc.). [23, c.62-63].

Além disso, os contratos de trabalho são específicos não só do direito do trabalho, mas também do direito civil.

É impossível não concordar com a conclusão de M. V. Lushnikova e A. M. Lushnikov de que "o mais relevante é o desenvolvimento de uma doutrina setorial dos contratos". Mas, ao mesmo tempo, a recusa de desenvolver um conceito genérico de ramo que una todos os tipos de contratos e acordos no direito do trabalho é obviamente um obstáculo para alcançar este objetivo. [23 c.32].

Em conclusão, importa referir, uma vez mais, que a proposta de utilização do termo "transação laboral" como conceito genérico não identifica o seu conceito jurídico civil de transação. Assim, a coincidência na forma de diferenciação das transacções laborais em unilaterais, multilaterais e bilaterais não significa que no direito do trabalho não se deva procurar as características que lhes são inerentes. Em particular, o direito do trabalho não pode definir as transacções exclusivamente como actos lícitos dos sujeitos do direito do trabalho.

Não só antes da celebração de um contrato de trabalho, mas também no decurso da atividade laboral, é errado negar aos sujeitos do direito do trabalho, como se costuma dizer, desde o início, a autonomia da vontade e a igualdade de direitos. É tempo de reconsiderar a visão do trabalhador como um sujeito impotente, de vontade fraca, esmagado pela arbitrariedade do empregador. Isto não é sempre e em todo o lado verdade. Podem ser citados vários exemplos em apoio do que precede. Assim, tanto o assalariado como a entidade patronal podem recusar a transferência para outro posto de trabalho, o que não significa que tal ato conduza definitivamente a uma responsabilidade disciplinar ou ao despedimento. Um trabalhador pode recusar-se a receber um incentivo único. Ele, enquanto parte nessa transação, não tem qualquer obrigação correspondente. Porque é que as acções de um empregador que fornece a um trabalhador uma medida de incentivo material ou moral não podem ser consideradas uma transação laboral unilateral? Porque é que a recusa de participar numa greve deve ser considerada um contrato de trabalho bilateral ou multilateral, e não um contrato de trabalho unilateral ou multilateral, e não uma transação unilateral de direito do trabalho? Nunca desenvolveremos a nossa teoria das transacções se estivermos constantemente a vestir o capote da teoria do direito civil. A proposta de utilizar "contrato de trabalho" como conceito genérico já não reflecte hoje a realidade do direito do trabalho. Não pode ser utilizado de forma produtiva no estudo, por exemplo, de acordos de direito do trabalho, de convenções colectivas de trabalho, ou seja, deixa fora do campo de investigação uma parte significativa das transacções laborais em condições de mercado de gestão económica.

Convém repetir mais uma vez: se não se gosta do termo "transação laboral" ou se não se consegue cumprir o papel de um conceito genérico na ciência do direito do trabalho "contratos de trabalho", deve-se procurar outras opções. A simples negação dos desenvolvimentos já publicados sobre esta matéria não é, por outras palavras, a melhor forma de desenvolver os fundamentos do direito do trabalho contratual na Rússia,

teorias das transacções laborais.

1.2 Problema da prática de aplicação da lei no domínio do direito do trabalho relações jurídicas que regulam o contrato de trabalho

O conteúdo de um contrato de trabalho caracteriza-se pelo facto de cada trabalhador, nos termos do contrato de trabalho, ser obrigado a assegurar a execução de um trabalho numa determinada especialidade (cargo) e a assumir a responsabilidade pessoal pelo mesmo.

No entanto, devido a factores objectivos e subjectivos (reconstrução da organização, alterações na produção, melhoria das qualificações do trabalhador, interrupções no fornecimento, etc.), por vezes torna-se impossível ou desnecessário para o trabalhador desempenhar a função de trabalho especificada no momento da contratação. Nestes casos, a legislação permite a transferência do trabalhador para outro posto de trabalho.

Uma vez que o acordo sobre a função de trabalho é uma das condições mais importantes do contrato de trabalho, a transferência para outro posto de trabalho pode estar associada a uma alteração de um conjunto de direitos e obrigações laborais relativos ao processo de remuneração, ao direito a férias, ao cálculo da antiguidade, às condições de reforma, etc. Por outras palavras, a transferência para outro posto de trabalho afecta os direitos e interesses essenciais dos trabalhadores. Assim, outro trabalho não previsto na convenção, não correspondente à especialidade, à qualificação ou ao posto de trabalho previstos na convenção. A atribuição a um trabalhador de um trabalho que não corresponde às suas qualificações estabelecidas no momento da contratação, mesmo que dentro dos limites do tipo de atividade especificado, também deve ser considerada uma transferência para outro emprego, exigindo o consentimento do trabalhador [28, p.84].

Outro trabalho, ou seja, trabalho não previsto no contrato, é qualquer trabalho que não corresponda à especialidade, qualificação ou posição prevista no contrato. A afetação de um trabalhador a um trabalho que não corresponde às suas qualificações estabelecidas no momento da contratação, mesmo que dentro do âmbito do tipo de atividade especificado, deve também ser considerada uma transferência para outro emprego, exigindo uma alteração do contrato de trabalho.

A entidade patronal não pode exigir que o trabalhador realize trabalho fora da subdivisão e do local de trabalho, se estes não estiverem estipulados no contrato, bem como fora da localização da empresa, exceto em casos de viagens de negócios para realizar determinadas tarefas fora do local de trabalho permanente. A atribuição de trabalho noutra localidade, bem como a transferência de um trabalhador para outra localidade, pelo menos em conjunto com a empresa (instituição, organização), é uma transferência para outro posto de trabalho, se o trabalho noutra localidade não estiver condicionado no contrato de trabalho ou não resultar do conteúdo da função de trabalho do trabalhador.

A subordinação departamental da empresa é irrelevante para a caraterização do local de trabalho, pois a sua transferência da subordinação de um organismo para outro não põe termo ao contrato de trabalho. No entanto, em caso de mudança de propriedade, fusão, cisão ou incorporação de empresas, objeto do contrato, as condições do local de trabalho são alteradas e, por conseguinte, as relações laborais só se mantêm com o consentimento do trabalhador; a rescisão do contrato de trabalho por iniciativa da entidade patronal nestes casos só é possível em caso de redução do número ou do efetivo de trabalhadores.

Em caso de alteração da organização da produção e do trabalho, é permitido alterar as condições essenciais de trabalho, mantendo a mesma especialidade, qualificação ou cargo. As alterações das condições essenciais de trabalho - sistema e montantes das remunerações, prestações, horários de trabalho, criação ou supressão do trabalho a tempo parcial, acumulação de profissões, mudança de grau, designação de funções e outras - devem ser comunicadas aos trabalhadores com uma antecedência mínima de dois meses. Com uma antecedência mínima de dois meses. Se a entidade patronal não puder alterar ou manter as condições essenciais anteriores e o trabalhador não aceitar continuar a trabalhar nas novas condições, o contrato de trabalho é rescindido.

Assim, a transferência para outro posto de trabalho é uma alteração da natureza e do local de trabalho estabelecidos pelo contrato de trabalho.

Quando muda de emprego ou é transferido para outro posto de trabalho, o trabalhador reavalia as suas qualidades profissionais existentes do ponto de vista da sua relevância para o novo local de trabalho, a nova função laboral, as diferentes condições de trabalho e as futuras relações de subordinação e coordenação. O desconhecido ou o totalmente aprendido é sempre uma razão para repensar e aumentar a preparação profissional do trabalhador para se adaptar e, em alguns casos, sobreviver num novo ambiente de trabalho. É nesta fase que a atitude laboral do participante no trabalho conjunto é reforçada ou reformulada. Trabalho subordinado ao empregador. A partir destas posições, a "mudança de trabalho" até à mudança de especialidade, de qualificação e, em alguns casos, de profissão tem um efeito positivo na formação da personalidade, na sua auto-realização laboral. Uma mudança de lugar, de tipo de trabalho é muitas vezes uma condição necessária para a capacidade de trabalho, a realização das qualidades originais de uma personalidade criativa, as capacidades de um trabalhador adaptativo.

Em termos de duração da execução de outro trabalho, todos os casos de transferências podem ser classificados em: 1) transferência para outro posto de trabalho permanente; 2) transferência para outro posto de trabalho temporário. A transferência para outro posto de trabalho permanente no mesmo local de trabalho só é permitida com o consentimento do trabalhador.

A transferência para outro local de trabalho pode ser uma iniciativa tanto do trabalhador como da entidade patronal. Mas, atualmente, em muitos casos, é a própria entidade patronal que propõe ao trabalhador a transferência para outro local de trabalho. Por exemplo, em caso de redução de efectivos, de incompatibilidade com o posto de trabalho ocupado, e a transferência pressupõe a transferência para o posto de trabalho correspondente ao trabalhador. Na ausência de tal posto de trabalho, deve ser-lhe proposto outro posto de trabalho.

A entidade patronal é igualmente obrigada a transferir para outro posto de trabalho os trabalhadores que, devido a uma diminuição da sua capacidade de trabalho, não possam desempenhar corretamente as suas funções regulares. Se não houver trabalho regular disponível no momento, o trabalhador deve permanecer no seu posto de trabalho anterior até que haja outro posto de trabalho disponível. Se um trabalhador recusar uma transferência para outro posto de trabalho, pode ser despedido com indemnização por despedimento. O despedimento por recusa de transferência pode ser autorizado. Se o trabalhador não quiser ser transferido para outro posto de trabalho e se a sua permanência no posto de trabalho anterior contrariar a conclusão médica. No entanto, a redução da capacidade de trabalho, na ausência de provas de incompatibilidade entre o trabalho efectuado e o estado de saúde do trabalhador, não constitui motivo de despedimento. Noutros casos, a transferência para outro posto de trabalho é um direito, mas não uma obrigação da entidade patronal.

A recusa de um trabalhador em ser transferido para outro posto de trabalho com carácter permanente não tem consequências jurídicas. O incumprimento da ordem de transferência da entidade patronal, dada sem o consentimento do trabalhador, não pode ser considerado uma violação da disciplina laboral e não constitui motivo de despedimento. Se um trabalhador for transferido para um posto de trabalho permanente mas menos bem remunerado, tem o direito legal de manter o seu salário anterior durante dois meses.

Se se tratar de uma transferência temporária para outro posto de trabalho não previsto no contrato de trabalho, esta pode ser autorizada com o consentimento do trabalhador. As únicas excepções são as transferências devidas a necessidades industriais ou a períodos de inatividade. Após o termo do período de transferência temporária, o trabalhador está sujeito à reintegração obrigatória no seu local de trabalho anterior.

A legislação também caracteriza o conceito de necessidade industrial.

Em primeiro lugar, a transferência deve ser efectuada no interesse industrial da empresa ("necessidade industrial da empresa"). Esta clarificação deve-se ao facto de, na prática dos serviços, não ser raro que os trabalhadores sejam transferidos para outras empresas no interesse destas últimas.

Em segundo lugar, a necessidade industrial implica
ocorrência de circunstâncias excepcionais de natureza imprevista que afectem o curso da produção (por exemplo, catástrofe natural, acidente industrial, acidente, perda ou dano de propriedade estatal ou pública, etc.). Estas transferências
deve impedir a ocorrência de tais circunstâncias ou
para eliminar os seus efeitos nocivos.

A necessidade de produção, que determina a transferência para outro posto de trabalho, também inclui a substituição de um trabalhador ausente devido a doença, licença, viagem de negócios (substituição temporária). A duração de tal transferência não pode exceder um mês num ano civil (para outros casos de transferências por necessidade industrial, o período de um mês determina a duração máxima de uma única transferência). A continuação dos prazos de transferência causados pelo atraso no regresso do trabalhador principal só é possível com o consentimento do trabalhador substituto e com a preservação das garantias de remuneração. Mas a nomeação de um trabalhador para ocupar um lugar vago não é permitida. Tal só é possível para um cargo cuja nomeação seja efectuada por um órgão de gestão superior com aprovação posterior.

O tempo de inatividade é um caso frequente de necessidade de produção. A transferência para outro posto de trabalho devido a paragens é importante na luta pela austeridade, uma vez que as paragens levam à perda de tempo de trabalho, à utilização irracional da mão de obra e ao aumento dos custos improdutivos.

A transferência para outro posto de trabalho em consequência de tempo de inatividade é feita tendo em conta a especialidade e as qualificações do trabalhador. Neste caso, bem como na substituição temporária de um trabalhador ausente, não é permitida a transferência de trabalhadores e empregados qualificados para postos de trabalho não qualificados.

Em caso de transferência por necessidade industrial, o pagamento é efectuado de acordo com o trabalho realizado, mas não inferior ao salário médio do emprego anterior.Em caso de recusa de transferência para outro posto de trabalho devido a necessidade industrial ou tempo de inatividade sem razões válidas, pode ser considerado como uma violação da disciplina laboral.

Assim, a transferência para outra empresa ou para outra localidade. A legislação relativa à transferência para uma outra empresa de trabalho permanente assenta nos seguintes princípios: a) coordenação da transferência com o trabalhador; b) reembolso das despesas efectuadas pelo trabalhador com a mudança para outra localidade; c) incentivos materiais à transferência para trabalhar nas empresas que registam falta de pessoal.

A recusa de um trabalhador em ser transferido para outra empresa ou para outra localidade não confere à entidade patronal o direito de rescindir o contrato. O despedimento de um trabalhador nestes casos, por iniciativa da entidade patronal, só é possível se existirem outros motivos previstos na lei (por exemplo, redução de efectivos, incompatibilidade com o cargo ocupado).

Analisando esta forma de trabalho, o legislador considera que os interesses do trabalhador e da entidade patronal devem ser combinados de forma óptima. É por isso que a transferência para outro emprego é geralmente permitida com o consentimento escrito do trabalhador (parte 1, artigo 71.º do Código do Trabalho da Federação Russa). Apenas mediante pedido escrito ou consentimento escrito "um trabalhador pode ser transferido para outra entidade patronal para um trabalho permanente" (parte 2 do artigo 71.º do Código do Trabalho da Federação Russa). Neste caso, de acordo com o legislador, o contrato de trabalho no local de trabalho anterior é rescindido (parte 2 do artigo 77.º do Código do Trabalho da Federação Russa).

Se o legislador fosse coerente, então, ao reconhecer a cessação do contrato de trabalho em caso de mudança de local de trabalho, deveria ter reconhecido a cessação do contrato de trabalho também em caso de mudança de tipo de trabalho e, mais ainda, em caso de mudança simultânea de tipo e de local de trabalho, ainda que com o mesmo empregador. Qualquer transferência ou deslocalização deve ser avaliada com base nos interesses comuns dos trabalhadores e do empregador, na preservação da empresa, na sua competitividade e rentabilidade. A organização é um lugar para trabalhar, para o trabalhador realizar as suas capacidades profissionais, para gerar rendimentos que lhe permitam sustentar-se a si e à sua família. Não se preocupar com a prosperidade da empresa para o assalariado é correr o risco de perder estas oportunidades, o trabalho, o rendimento, um lugar digno na sociedade civil, de se juntar às fileiras dos desempregados. Esta perspetiva tem sempre um efeito mobilizador não só para o trabalhador mas também para o empregador. A legislação prevê, como medidas preventivas, a possibilidade de alterar as condições do contrato de trabalho definidas pelas partes, relacionadas com alterações nas condições organizacionais ou tecnológicas de trabalho (artigo 74.º do Código do Trabalho da Federação da Rússia) e, em caso de possibilidade de despedimento em massa de trabalhadores - para salvar postos de trabalho, tendo em conta o parecer da organização sindical da empresa, o regime de horário de trabalho a tempo parcial (semana de trabalho) por um período até seis meses (parte 5 do artigo 74.º do Código do Trabalho da Federação da Rússia).

Estas mudanças na biografia laboral de um trabalhador estão sempre relacionadas com a reavaliação da sua atitude em relação ao trabalho, à equipa de produção, ao empregador, à consciência dos interesses comuns, à formação da cultura da empresa em condições de mercado de gestão económica.

Capítulo 3 Formas de abordar as questões relativas às relações laborais

Uma vez que a principal e mais importante fonte de legislação laboral é o Código do Trabalho, já será possível avaliar os problemas gerais da legislação laboral, considerando as suas vantagens e desvantagens.

Em 2007, o Plenário do Supremo Tribunal da Federação Russa adoptou a Resolução n.º 2 "Sobre a aplicação do Código do Trabalho da Federação Russa pelos tribunais da Federação Russa". Pode ler abaixo alguns dos problemas teóricos e práticos mais relevantes da aplicação do Código do Trabalho da Federação Russa.

Desde a adoção do Código do Trabalho da Federação Russa, os profissionais da justiça tiveram de interpretar de forma independente as normas do Código, muitas das quais se caracterizam pela incerteza e ambiguidade na sua aplicação. Além disso, nem todos os artigos do Código do Trabalho russo estão em conformidade com as normas do direito internacional do trabalho e com a Constituição da Federação da Rússia.

Em primeiro lugar, o artigo 5.º do Código do Trabalho da Federação Russa não destaca diretamente a Constituição da Federação Russa entre outras fontes de legislação laboral.

Em segundo lugar, o Código do Trabalho da RF não responde à questão prática mais importante: como deve atuar o aplicador da lei em caso de contradição entre a Constituição da RF e o Código do Trabalho da RF? O artigo 5.º da LC RF resolve apenas um tipo de conflitos hierárquicos entre a LC RF e outras leis federais: "...em caso de contradição entre o presente Código e outras leis federais que contenham normas de direito do trabalho, aplica-se o presente Código".

Em terceiro lugar, o artigo 10º do Código do Trabalho da Federação Russa "Leis, outros actos jurídicos normativos que contêm normas de direito do trabalho e normas de direito internacional" limita-se a reproduzir a parte 4 do artigo 15º da Constituição da Federação Russa sem responder a numerosas questões práticas. A este respeito, o n.º 9 da resolução pode ter um significado prático e teórico muito importante. De acordo com ele, ao apreciar processos laborais, o tribunal deve ter em conta que, por força dos n.ºs 1 e 4 do artigo 15.º, do artigo 120.º da Constituição da Federação da Rússia e do n.º 1 do artigo 11.º do Código de Processo Civil da Federação da Rússia, o tribunal é obrigado a resolver os processos com base na Constituição da Federação da Rússia, nos princípios e normas de direito internacional geralmente reconhecidos e nos tratados internacionais da Federação da Rússia, que são parte integrante do seu sistema jurídico. Se, na resolução de um litígio laboral, o tribunal verificar que o ato jurídico normativo a aplicar não está em conformidade com o ato jurídico normativo com maior força jurídica, decide em conformidade com o ato jurídico normativo com maior força jurídica. Na resolução de litígios laborais, os tribunais devem ter em conta as explicações do Plenum do Supremo Tribunal da Federação Russa dadas nas resoluções n.º 8, de 31 de outubro de 1995, "Sobre certas questões de aplicação pelos tribunais da Constituição da Federação Russa na execução da justiça" e n.º 5, de 10 de outubro de 2003, "Sobre a aplicação pelos tribunais de jurisdição geral dos princípios e normas universalmente reconhecidos do direito internacional e dos tratados internacionais da Federação Russa".

Na prática, surgem muitos litígios sobre questões relacionadas com a celebração de um contrato de trabalho a termo. Em primeiro lugar, pelos motivos previstos no artigo 59.º do Código do Trabalho da Federação Russa. Por exemplo, com pensionistas de idade, pessoas que trabalham a tempo parcial, trabalhadores "temporários", gestores, gestores-adjuntos e contabilistas-chefes de organizações. Por conseguinte, o n.º 15 da resolução é extremamente relevante, segundo o qual, ao decidir sobre a validade da celebração de um contrato de trabalho a termo com os trabalhadores, deve ter-se em conta que esse contrato é celebrado quando as relações laborais não podem ser estabelecidas por um período de tempo indefinido, tendo em conta a natureza do trabalho a realizar ou as condições da sua execução, salvo disposição em contrário do Código do Trabalho da Federação Russa e de outras leis federais.

Uma vez que o artigo 59.º do Código prevê apenas o direito e não a obrigação de o empregador celebrar um contrato de trabalho a termo nos casos previstos nesta disposição, o empregador pode exercer esse direito desde que sejam cumpridas as regras gerais de celebração de um contrato de trabalho a termo previstas no artigo 58.º do Código do Trabalho

O artigo 136.º do Código do Trabalho da Federação Russa previa expressamente que "O órgão que examina um litígio laboral tem o direito de ter em conta a gravidade da falta cometida, as circunstâncias em que foi cometida, o comportamento anterior do trabalhador, a sua atitude em relação ao trabalho, bem como a conformidade da sanção disciplinar com a gravidade da falta cometida".

Infelizmente, o Código do Trabalho da Federação Russa não contém tal norma. Consideramos que, neste caso, existe uma violação da parte 2 do artigo 55.º da Constituição da Federação Russa: da Constituição da Federação Russa: "Na Federação Russa, não podem ser adoptadas leis que abolem ou diminuam os direitos e liberdades humanos e civis".

Dada a extrema relevância deste problema para a prática, o mais importante é o n.º 53 da Resolução, segundo o qual, em virtude do artigo 46. 53 da Resolução, segundo o qual, por força do artigo 46.º (parte 1) da Constituição da Federação Russa, que garante a todos a proteção judicial dos seus direitos e liberdades, e das disposições correlatas dos actos jurídicos internacionais, em especial o artigo 8. 1) do Pacto Internacional sobre os Direitos Civis e Políticos, o Estado é obrigado a garantir o exercício do direito à proteção judicial, que deve ser justa, competente, plena e eficaz; tendo isto em conta, o tribunal deve proferir não só uma decisão legal, mas também uma decisão fundamentada, tendo em conta princípios gerais como o direito a um julgamento justo, o direito a um julgamento justo e o direito a um julgamento justo.

Uma vez que o direito é uma medida igual, o Plenário, no n.º 27 da resolução, sublinhou razoavelmente que o princípio jurídico geral da inadmissibilidade do abuso de direito, consagrado, nomeadamente, na parte 3 do artigo 17.º da Constituição da Federação Russa, deve ser igualmente respeitado pelo trabalhador. Por exemplo, é inadmissível que um trabalhador oculte a sua incapacidade temporária no momento do seu despedimento ou o facto de ser membro de um sindicato ou dirigente (seu suplente) de um órgão colegial sindical eleito da organização. Se o tribunal determinar que as partes num contrato de trabalho abusaram dos seus direitos, o tribunal pode decidir em conformidade.

Na prática, deliberadamente ou por falta de profissionalismo, o conceito de avaliação do artigo 75º do Código do Trabalho da Federação Russa é interpretado incorretamente: "mudança de propriedade dos bens da organização". Muitas pessoas assumem que a "mudança de proprietário dos bens da organização" ocorre quando há uma mudança de propriedade de uma ação numa JSC ou de uma ação numa LLC. Ao mesmo tempo, os bens transferidos para a LLC ou JSC como contribuições dos seus fundadores (participantes), bem como os bens adquiridos por estas organizações, são propriedade privada da LLC ou JSC (cláusula 3 do artigo 213.º do Código Civil da Federação Russa). Os fundadores (participantes) de uma LLC ou JSC não têm direitos reais, apenas adquirem direitos de obrigação (Cláusula 2, Artigo 48 do Código Civil da Federação Russa).

Uma interpretação sistemática do Código Civil da Federação Russa e do Código do Trabalho da Federação Russa permitiu ao Plenário esclarecer, na página 32 da Resolução, que a mudança de propriedade dos bens de uma organização deve ser entendida como uma transferência (transferência) da propriedade de todos os bens da organização de uma pessoa para outra pessoa ou outras pessoas, em particular, na privatização de bens estatais ou municipais; nos casos estipulados no n.º 1 do artigo 66. 66 e p. 1 do art. 1 do Art. 66 e par. 3 do Art. 213 do Código Civil da Federação Russa, não há mudança do proprietário do imóvel.

Artigo 142.º do Código do Trabalho da Federação Russa, que prevê o seguinte "Em caso de atraso no pagamento da retribuição por um período superior a 15 dias, o trabalhador tem o direito, após notificação por escrito à entidade patronal, de suspender o trabalho durante todo o período até que o montante em atraso seja pago". Na prática, colocavam-se pelo menos duas questões: o trabalhador deve ir trabalhar e tem direito a receber o salário neste caso? Em resposta à primeira questão, a maioria dos juízes do Supremo Tribunal da Federação Russa considerou que, uma vez que o artigo 142.º do Código do Trabalho da Federação Russa não obriga um trabalhador que suspendeu o trabalho a estar presente no seu local de trabalho durante o período de tempo em que suspendeu o trabalho, tendo em conta que a violação das condições de pagamento dos salários - ou o pagamento de salários não integrais - se refere a trabalho forçado (artigo 4.º do Código do Trabalho da Federação Russa), o trabalhador tem o direito de não ir trabalhar até que o montante em atraso seja pago. O Projeto de Resolução previa três opções para responder à segunda questão.

A primeira é a recuperação dos salários, uma vez que a suspensão do trabalho com base no artigo 142.º do Código do Trabalho da Federação Russa é uma forma de auto-proteção do trabalhador do seu direito de realizar o trabalho previsto no contrato de trabalho, o pagamento atempado e integral dos salários.

A segunda consiste em recuperar os salários apenas para os trabalhadores que estiveram presentes no local de trabalho, porque foram privados da possibilidade de receber outros rendimentos em vez de salários durante o período em questão, e não no seu local de trabalho.

A terceira opção consiste em recusar o pedido de recuperação de salários devido ao facto de tal possibilidade não estar prevista no Código do Trabalho da Federação Russa. Parece que a última variante da resposta é mais razoável, porque os direitos dos cidadãos e das pessoas colectivas só podem ser limitados pela lei federal (parte 3 do artigo 55.º da Constituição da Federação Russa, n.º 2 do artigo 1.º do Código Civil da Federação Russa). O artigo 142.º do Código do Trabalho da Federação Russa não dá essa possibilidade ao tribunal. Além disso, não se pode falar de uma lacuna no artigo 142.º do Código do Trabalho da Federação Russa, uma vez que existe o artigo 236.º do Código do Trabalho da Federação Russa, que estabelece a responsabilidade material da entidade patronal pelo atraso no pagamento dos salários - recuperação de juros (compensação monetária) em vez de salários.

Muito razoavelmente, a maioria dos participantes no Plenário chegou à conclusão de que a resposta à segunda pergunta é da competência dos órgãos legislativos e não do tribunal.

Talvez devido aos numerosos artigos controversos do Código do Trabalho da Federação Russa do ponto de vista do direito internacional do trabalho e da Constituição da Federação Russa, nem todos os problemas relevantes da aplicação do direito do trabalho foram reflectidos no texto da resolução adoptada. Este facto foi compreendido tanto pelos redactores do projeto de resolução como pelos juízes do Supremo Tribunal da Federação Russa que votaram no Plenário. A este respeito, o Plenário do Supremo Tribunal da Federação Russa tomou uma decisão fundamental: o trabalho de interpretação do Código do Trabalho da Federação Russa deve ser prosseguido.

Outro problema relacionado com a proteção dos direitos laborais é a utilização insuficiente das normas jurídicas internacionais pelo sistema judicial. Apesar do grande volume de legislação russa e da incapacidade muitas vezes objetiva dos juízes para aplicarem actos internacionais específicos, o mais alto tribunal do país aponta para a necessidade de utilizar as normas jurídicas internacionais na administração da justiça. No caso das relações laborais, é por vezes difícil seguir esta recomendação porque os juízes não dispõem dos textos das convenções ratificadas pela Organização Internacional do Trabalho. É de salientar que os tribunais de competência geral raramente utilizam as normas internacionais em matéria de direitos do trabalho como reguladores directos quando analisam casos específicos. Um inquérito realizado junto dos juízes revelou que mais de 50% dos juízes, com base na conveniência prática e na existência de um vasto corpo de legislação nacional, que não deve contradizer intrinsecamente os instrumentos internacionais, aplicam as normas internacionais apenas quando existem conflitos óbvios entre as normas relevantes. Além disso, esta prática também se explica pelo facto de a Federação da Rússia ainda não ter acumulado experiência suficiente na aplicação destas normas. É compreensível que esta situação possa conduzir a uma proteção jurídica insuficientemente eficaz.

Conclusão

As principais conclusões do documento são as seguintes:

1. Enquanto ramo do direito, o direito do trabalho é, antes de mais, um sistema de normas jurídicas estabelecidas pelo Estado com a participação dos trabalhadores e dos sindicatos, que regulam as relações laborais dos trabalhadores e outras relações com elas estreitamente relacionadas. As normas do direito do trabalho determinam o procedimento para o surgimento e a cessação das relações jurídicas laborais, o modo de trabalho dos trabalhadores, os regulamentos internos de trabalho fixados (ou seja, as regras de conduta no trabalho) e outras normas.

O objeto do direito do trabalho são as relações sociais decorrentes da aplicação do trabalho dos trabalhadores, ou seja, as relações directas de trabalho e algumas outras relações com elas estreitamente relacionadas e definidas no artigo 4.º do Código do Trabalho. Estas relações podem ser anteriores às relações de trabalho, derivar das relações de trabalho ou acompanhar as relações de trabalho, mas todas elas são reguladas pela legislação laboral.

As relações laborais caracterizam-se pelas seguintes características que as distinguem de outros tipos de relações jurídicas:

- O sujeito das relações de trabalho é o trabalhador, que está incluído na
o pessoal da empresa, ou seja, inscrito no quadro de pessoal ou na lista da empresa.
- Um trabalhador exerce uma função laboral específica, é
significa que, durante todo o tempo em que trabalha para a entidade patronal, o trabalhador exerce uma atividade profissional e uma função específicas.
- O trabalho é efectuado nas condições de um regime de trabalho específico,
ou seja, o trabalhador está sujeito aos regulamentos laborais internos da entidade patronal.

2. Tipos de relações laborais: relações baseadas num contrato de trabalho; relações baseadas na filiação numa coletividade.

O sistema de direito do trabalho inclui institutos:

- negociações e convenções colectivas de trabalho;
- emprego dos cidadãos;

- do contrato de trabalho;
- horário de trabalho;

tempo livre;
- de racionamento de mão de obra;
- salários (remuneração do trabalho);
- da disciplina laboral;
- responsabilidade material das partes numa relação de trabalho;
- benefícios para as pessoas que combinam trabalho e estudo;
- proteção do trabalho, supervisão e controlo do cumprimento da

legislação laboral

legislação; conflitos laborais.

3. O instituto dos conflitos laborais inclui ainda dois grupos de normas relativamente independentes - que regulam, por um lado, os conflitos laborais individuais e, por outro, os colectivos. Os direitos laborais dos trabalhadores fazem parte das oportunidades garantidas pelo Estado na esfera da atividade laboral. Permitem a todos os trabalhadores utilizar livremente e sem discriminação todo o seu potencial humano para satisfazer as suas necessidades materiais e assegurar os interesses das suas famílias. O valor dos direitos laborais reside no facto de permitirem aos cidadãos realizarem-se na esfera laboral da forma permitida pelo Estado. Por isso, o importante não é tanto a proclamação e a consagração dos direitos na Constituição e na legislação em vigor, mas sim o seu conteúdo concreto e o estabelecimento de garantias para a sua boa realização e proteção. A tutela jurisdicional é a principal garantia da proteção dos direitos laborais e da sua inviolabilidade. A tutela jurisdicional visa, em primeiro lugar, a proteção contra eventuais violações, quer por parte de organismos estatais, quer por parte de particulares.

Lista de referências

1. História do Estado e do direito nacionais (em 2 volumes; volume 2) / editado por O.I. Chistyakov. Moscovo: Yurist, 2013 - 544 p.
2. Comentário ao Código do Trabalho da Federação Russa (ed. por K.N. Gusov) - Moscovo: "TC Velby", "Prospect Publishing House", 2013 - 544 p.
3. Kurenoy A.M. Regulamentação legal da rescisão do contrato de trabalho // Legislação, 2002, No. 12 P. 42-48, 2014, №1, c. 28 - 34
4. Tolkunova V.N., Gusov K.N. Direito do Trabalho M.: TC VELBI, 2006 - 320 p.
5. Khnykin G.V. Convenção colectiva // Legislação, 2015, n.º 11, pp. 51 -61
6. Khnykin G.V. Regulamentação interna do trabalho // Legislação, 2015, n.º 12, pp. 46 -52
7. Chikanova L. Disciplina laboral // Khozyaistvo i pravo, 2012, № 9, p.16 - 32.
8. Chikanova L.A. Contrato de trabalho // Khozyaistvo i pravo, 2016, n.º 5, pp. 10 - 29, n.º 6, pp. 12-26

Índice

MIX
Papier aus verantwortungsvollen Quellen
Paper from responsible sources
FSC® C105338

Printed by Books on Demand GmbH, Norderstedt / Germany